사랑도
A/S가 되나요?

사랑도 A/S가 되나요?

초판 1쇄 발행 2024년 9월 2일

지은이 전성규
펴낸이 장길수
펴낸곳 지식과감성#
출판등록 제2012-000081호

교정 김나현
디자인 강샛별
편집 강샛별
검수 이주희, 이헌
마케팅 김윤길, 정은혜

주소 서울시 금천구 벚꽃로298 대륭포스트타워6차 1212호
전화 070-4651-3730~4
팩스 070-4325-7006
이메일 ksbookup@naver.com
홈페이지 www.knsbookup.com

ISBN 979-11-392-2068-1(03810)
값 12,000원

- 이 책의 판권은 지은이에게 있습니다.
- 이 책 내용의 전부 또는 일부를 재사용하려면 반드시 지은이의 서면 동의를 받아야 합니다.
- 잘못된 책은 구입하신 곳에서 바꾸어 드립니다.

이 책은 강원특별자치도, 강원문화재단 후원으로 발간되었습니다.

지식과감성#
홈페이지 바로가기

사랑도 A/S가 되나요?

전성규 시집

시인의 말

지나가는 바람 한 줌과
햇살 한 줄과
일상에서 마주한 편린들을 모아
詩라는 집을 지었습니다.

집을 짓고 보니
비가 내린 흔적도 바람이 지나간 자리도
시집 곳곳에 남아 있습니다.

하지만 용기를 내 배를 띄우고
먼 항해를 시작합니다.

2024년 가을에
전성규

목차

시인의 말   5

1 그대 그리운 날에

지우개	14
태양	15
숯	16
불면증	17
해바라기	18
행운	19
지병	20
동반자 1	22
동반자 2	23
동반자 3	24
동반자 4	25
너는 1	26
너는 2	27
그댈 사랑해도 되나요?	28
기다림	29

그대가 곁에 있으면	30
그대와 함께라면	31
내 눈에는 당신밖에	32
당신을 위해서라면	33
온몸을 맡겨 봐요	34
그리운 바람 부는 날에는	35
그래도 사랑하라	36
우리 사랑은	38

2 아직도 나는

상사화 1	42
상사화 2	43
상사화 3	44
아직도 나는 1	45
아직도 나는 2	46
아직도 나는 3	47
나도 모르게 1	48
나도 모르게 2	49
나도 모르게 3	50
나도 모르게 4	51

나도 모르게 5	52
나도 모르게 6	53
바보 사랑 1	54
바보 사랑 2	55
편린 1	56
편린 2	57
사랑도 A/S가 되나요?	58
나는 너를	60
잊은 줄 알았는데	61
그대와 둘이서 1	62
그대와 둘이서 2	63
그대와 난	64
그대 떠난 후에	65
이별 후에	66
그대는 가고 없는데	67
이별이라 말하는 이유는	68
당신은 누구신가요?	69
아, 그 시절이 다시 돌아온다면	70
그대를 잊기 위해	72
그대 없는 세상은	73
진정 난 몰랐었네	74

3 잠 못 드는 밤에

눈물 1	78
눈물 2	79
잠 못 드는 밤에	80
최면	81
눈 1	82
눈 2	83
눈 3	84
봄은 그렇게 걸어오고 있었다 1	85
봄은 그렇게 걸어오고 있었다 2	86
빨랫줄	87
채송화	88
내 고향 다수리는	90
우리는	92
제자리	93
국밥 가게 앞에서	94
생각 1	95
생각 2	96
둥글게	97
사는 게 별거 아니던데 1	98

사는 게 별거 아니던데 2	99
사는 게 별거 아니던데 3	100
사는 게 별거 아니던데 4	101

4 이 시간이 지나가면

강물은 좋으리	104
하루살이 1	106
하루살이 2	108
가지치기	110
담뱃재	111
믹스커피	112
겨울 저녁	114
양파	115
단풍잎	116
그때 그 소년은	117
납작복숭아	118
주식 시장 1	119
주식 시장 2	120
참붕어의 절규	121
눈앞이 막막하다	122

감시 카메라	124
가시오가피나무	125
공지천에서	126
염불	127

1
그대 그리운 날에

지우개

어둠을 지우는 건
밤하늘의 작은 별들

새벽이슬을 지우는 건
하얀 아침 햇살

내 눈물을 지우는 건
그대의 맑은 웃음

태양

이 세상에서
너 없는 세상은 단 한 번도
생각해 보지 못했다

너 없는 세상에서
난 눈이 멀어
앞을 보고 살 수가 없다

너 없는 세상은 오직
깜깜한 어둠뿐

숯

하루 이틀 사흘
한 달 두 달 석 달

아무리 기다려도 소식 없는
그대 생각에

까맣게 타들어만 가는
내 마음

불면증

눈을 감으면
그대 생각에 잠 못 이루고

그대 생각하다 보면
어느새 하얗게
지새우는 밤

해바라기

당신이 웃을 때는
내 가슴에도 웃음꽃이 피었고

당신이 기뻐할 때는
내 가슴도 아침 햇살처럼 빛이 났지

당신이 우울해할 때는
내 가슴에도 겨울비가 내렸고

당신이 슬퍼할 때는
내 가슴에도 소낙비가 내렸지

해가 뜨나 해가 지나
하늘만 바라보고 사는

나는 언제나
당신의 해바라기

행운

단 한 번뿐인 인생에서
너를 만난 것

단 한 번뿐인 삶에서
너를 사랑한 것

단 하나뿐인 네가
내 곁으로 온 것

지병

눈을 뜨고 있어도
눈을 감고 있어도
그대 생각뿐입니다

그댈 생각하면
그댈 생각하면
가슴이 두근거립니다

때로는 이유 없이
마음이 아파 옵니다

가끔은 말없이 눈물도
흘러내립니다

어느 날부터인가
마음속에 찾아든 이 병은
무슨 병인가요

이 병을
고칠 수는 있을까요

동반자 1

언제부턴가 내 가슴속엔
네가 들어와 있고

내 마음속엔 천근만근 묵직한
사랑 하나 살고 있으니

너는 언제나
내 마음의 동반자

동반자 2

내 생각 속엔
늘 네가 있고

내 마음속엔
늘 그리움이 있으니

너는 언제나
내 마음의 동반자

동반자 3

네 걱정을 하면서
매일 밤 잠이 들고

네 생각 속에
매일 아침 눈을 뜨니

너는 언제나
내 마음의 동반자

동반자 4

길을 걷다가도
잠을 자다가도

커피를 마시면서도
전철을 기다리면서도

언제나 내 머릿속에
네가 살고 있으니

너는 언제나
내 마음의 동반자

너는 1

내 하루의
시작과 끝

내가 살아가야 하는
삶의
이유

너는 2

좋아요
함부로 말도 못 하고

싫어요
쉬이 거절도 못 하고

언제나
조심조심

혹시라도 마음 상해
돌아서면
어찌할까

늘
고개만
끄덕끄덕

그댈 사랑해도 되나요?

나 가진 것 하나 없는데
그댈 사랑해도 되나요?

나 내세울 것 하나 없는데
그댈 사랑해도 되나요?

가진 건 오직
사랑하는 마음 하나뿐인데
그댈 사랑해도 되나요?

사랑할 자격 없는 나,
그댈 사랑해도 되냐고
물어봐도 되나요?

기다림

약속 시간 지나도
오지 않는 그대
발길을 돌리려 뒤돌아서면
나 떠난 자리에
그대가 홀로 서 있을 것만 같아
차마 발길을 돌리지도 못하고
10분, 20분, 30분…
조금만 더 조금만 더
기다려야지 하다가
어느새 1년이란 시간이 훌쩍
10년이란 세월이 훌쩍

그대가 곁에 있으면

그대가 곁에 있으면
내 마음은 평온해지고

그대가 곁에 있으면
내 마음은 즐거워지고

그대가 곁에 있으면
세상 모든 근심 걱정은
눈 녹듯이 사라지고

그대와 함께라면

아무리
외딴 산골이라도
그대와 함께라면
외롭지 않을 텐데

아무리
세찬 바람 불어와도
그대와 함께라면
넘어지지 않을 텐데

아무리
어두운 밤이 와도
그대와 함께라면
두렵지 않을 텐데

그대와 함께라면
어디를 가든 마냥
행복하기만 할 텐데

내 눈에는 당신밖에

당신이 아무리 큰 잘못을 짓는다 해도
나 당신을 모두 용서할게요

당신이 설사 죽을죄를 짓는다 해도
나 끝까지 당신 편이 될게요

세상 사람들 모두가 당신을 떠나간다 해도
나 혼자라도 남아 당신 곁을 지킬게요

당신이 설사 나를 버린다 해도
나 당신을 미워하지 않을게요

당신 없는 세상 대신 당신 있는 세상에서
나 영원히 당신 곁을 지켜 줄게요

당신을 위해서라면

나 진정 당신을 사랑하기에
당신이 원하는 일이라면 무엇이든
다 할게요

나 진정 당신을 사랑하기에
당신을 위해서라면 무엇이든
다 바칠게요

그것이 설령 이별이라 하더라도,
그것이 설령 죽음이라 하더라도,
당신만 행복하다면 나 당신을 위해
모든 걸 다 걸게요

당신을 위해서라면
당신이 행복할 수만 있다면

온몸을 맡겨 봐요

망설이지 말고 고민하지 말고
인생을 걸어 봐요

돌아올 길을 생각하지 말아요
마음 가는 대로 몸이 가는 내로
흐르는 강물 위에
온몸을 맡겨 봐요

오직 한 번뿐인 인생
단 하나뿐인 사랑,
사랑을 위해 모든 걸 걸고
온몸을 기대 봐요

어쩌다
물살에 걸려 휘청 넘어진다 하더라도
남는 건 오직
이별밖엔 없잖아요

그리운 바람 부는 날에는

오늘처럼
까닭 없는 바람 부는 날에는
그대 생각에 발걸음을 멈춰 서는데

오늘처럼
그리운 바람 부는 날에는
그대 생각에 먼 하늘을 바라만 보는데

오늘처럼
창밖에 눈이라도 내리는 날에는
그대 생각에 내 마음은 어느새
그대 곁으로 달려가고
있는데

그래도 사랑하라

사랑 때문에 아파하고
사랑 때문에 죽을 만큼 괴롭다 하더라도
그래도 사랑하라

사랑 때문에 슬퍼하고
사랑 때문에 눈물 흘리고
사랑 때문에 설사 죽는다 하더라도
한 번쯤은 사랑에 미쳐 보라

이래도 죽고
저래도 죽고
어차피 인생은 죽는 것이니
사랑에 목숨을 걸어 보라

이래도 한 번
저래도 한 번
어차피 인생은 한 번뿐이니
바람 불고 비가 와도
후회 없이 사랑하라

어차피 바람 불고
비 내리는 것이 우리네 인생이거늘

망설이지 말고 주저하지 말고
사랑에 미쳐 보라

어차피 한 번뿐인, 단 하나밖에 없는
우리네 청춘이거늘

우리 사랑은

다가가면 다가갈수록
슬픈 사랑
그대와 나의 사랑은

가까이하면 가까이할수록
외로운 사랑
그대와 나의 사랑은

바라보면 바라볼수록
아픈 사랑
그대와 나의 사랑은

생각하면 생각할수록
가여운 사랑
우리 사랑은

2

아직도 나는

상사화 1

가슴속에 싹 튼
그 꽃

말없이 핀
그 꽃

아무도 몰라주는
그 꽃

활짝 웃고 있어도
가슴만 아픈
그 꽃

상사화 2

까만 가슴에
뿌리 내려

매일 밤

별꽃처럼 피었다
이슬처럼
지고 마는

그 꽃

눈물꽃

상사화 3

목련꽃 피는 4월이 와도
봄이 왔음을 모르는 그대

햇살 환한 새벽이 와도
아침을 모르는 그대

해바라기가 활짝 피어 있어도
그 꽃을 모르는 그대

아직도 나는 1

아직도 나는
그대를 걱정하고 있어요

아직도 나는
그대를 기다리고 있어요

이제는
잊었다고 생각했는데

이제는
지웠다고 생각했는데

아직도 내 마음은
그대 곁에 머물고 있어요

아직도 나는 2

이렇게 마음이 울적한 건

이렇게 마음이 초조한 건

이렇게 마음이 공허한 건

아직도 내 마음이

그대 곁에 있기 때문

아직도 나는 3

이제는
잊었다 생각했는데

정말이지 그대를
잊었다 생각했는데

나도 모르게
핸드폰을 손에 들고

혹시나 하고 오늘도
문자를 확인하는

바보 같은
내 마음

나도 모르게 1

그대를 잊으려
무작정 버스를 탔어요

버스가 벌써
몇 정거장을 지난 줄도 모르고
온통 그대 생각에 잠겨
있었어요

그대를 잊으려
무작정 이 길을 떠났는데

그대를 잊지 못해
다시 제자리로 돌아오고
말았어요

나도 모르게 2

이제 그만
잊어야지
잊어야지 하면서
술을 마셨는데

마시면 마실수록
술잔 속에 떠오르는
그대 얼굴

잊으려 하면 할수록
그리움만
술잔 속에
한가득

나도 모르게 3

나 홀로
길을 걷다 보니
어느새
우리가 자주 찾던 그 찻집

나 홀로
길을 걷다 보니
어느새
우리가 함께 걷던 그 골목길

나 홀로
길을 걷다 보니
어느새
당신이 살던 그 집 앞

나도 모르게 4

그대 생각 하다가
전철을 몇 정거장이나
지나치고 말았어요

그대 생각 하다가
잘못 내린 거리에서
돌아올 길을 잃고 말았어요

그대 생각 하다가
오늘도 이 거리를
헤매고만 있어요

나도 모르게 5

오늘 밤도 그대 생각에
미소 짓다가

오늘 밤도 그대 생각에
웃음 짓나가

오늘 밤도 그대 생각에
눈물짓다가

오늘 밤도 그대 생각에
꿈을 꾸다가

오늘 밤도 그대 생각에
잠 못 이루고.

나도 모르게 6

드라마를 보다가도
영화를 보다가도
문득문득 떠오르는
그대 얼굴

길을 걷다가도
버스를 타다가도
문득문득 생각나는
그대 얼굴

텅 빈 하늘을 바라보다가도
친구들과 술잔을 기울이다가도
어느샌가 슬며시 찾아오는
그리움
하나

바보 사랑 1

머릿속으로는 잊어야지
이제 그만 지워야지 하면서도
발길을 돌리고 보면 눈물이 앞을 가려
차마 돌아서지 못하는
내 마음

머릿속으로는 잊어야지
이제 그만 지워야지 하면서도
가슴으로는 차마 보낼 수 없어
여전히 제자리를
맴돌고만 있는
바보 같은 내 마음

바보 사랑 2

이제는 잊었다 생각했는데
이제는 헤어졌다 생각했는데
여전히 눈을 감으면 생각나는
그대 모습

이제는 잊어야지
이제는 보내야지 하면서도
여전히 길을 걸으면 생각나는
그대 모습

가슴 가운데 구멍 하나 뻥 뚫려
찬바람만 숭숭한 내 마음

떠나간 그댈 잊지 못해
오늘도 멍든 가슴 끌어안고 눈물짓는
바보 같은 내 마음

편린 1

그대는 멀리 있는데
내 마음은 그대 곁에 있고

그대는 떠나가고 없는데
내 사랑은 여기 남아 있고.

편린 2

너와 나
둘 사이에
훨씬 더 많이
너를 사랑하는
나

나는 늘
약자고
너는 늘
강자고.

사랑도 A/S가 되나요?

당신과 나 사이 벌어진 틈새를
어떻게 메울까요?

당신은 왼쪽 나는 오른쪽에서
평행선만 달리고 있어요

우리 사이 벌어진 틈새를 레진으로 봉하고
이빨 빠진 자리에 임플란트를 심는다고
상처 난 사랑에 새살이 돋아날까요?

당신과 나 사이 벌어진 틈새로
애꿎은 잡초만 무성하게 자라나고 있어요

우리 사이 고장 난 사랑을
어떻게 수선하면 되나요?

묵은 구두를 꺼내 닦고 손질하듯
고장 난 시계를 고쳐 제자리에 돌려놓듯

우리 사랑도 A/S가 될까요?
우리 사랑도 리필이 될까요?

나는 너를

나는 너를
떠나가려 하는데,

나는 너를
미워하려 하는데,

나는 너를
잊으려고 하는데,

그래서
억지로 발길은 돌렸지만

마음은 억지로
돌릴 수가 없네

잊은 줄 알았는데

이불을 뒤집어쓴 채 두 눈을 꼭 감았다고
너를 잊은 건 아니더라

눈물을 펑펑 흘리고 작별 인사를 했다고
너를 떠난 건 아니더라

너를 떠나 저 멀리 외딴섬에 와 있다고
너를 보낸 것도 아니더라

몸은 멀리 있어도
마음은 여전히 너의 곁을 떠나지 못해

하루 종일 네 곁을 맴돌고만 있더라

그대와 둘이서 1

걷고 싶어요
바닷가 하얀 백사장을

그대의 손을 잡고
그닐 밤 그 백사장을 끝없이
거닐고 싶어요

까르르 웃음 짓는
하얀 파도 위에
푸른 발목을 적시며

꿈속을 거닐고 싶어요
그대와 둘이서

그대와 둘이서 2

그대와 함께
아주 멀리, 멀리 떠나
단둘이 살고 싶었는데

아무도 찾지 않는
외딴섬에서, 그대와 단둘이
자유로운 꿈을 꾸고 싶었는데

허름한 오두막집에서라도
둘이서, 단둘이서
이 세상 끝까지
함께하고 싶었는데

그대와 난

그대는 바닷가 모래밭
나는 파도에 흔적 없이 지워지는
모래 발자국

그대는 밤하늘의 푸른 별
나는 그 별빛을 스쳐 가는
쓸쓸한 바람

그대는 넘실넘실 춤을 추는 무심한 파도
나는 그 물살을 따라 정처 없이 떠도는
슬픈 갈매기

그대 떠난 후에

그대의 손을 잡고
함께 거닐던 이 길

노란 가로등 아래에서
달콤한 입맞춤을 나누던
지난밤 이 길을
지금은 나 홀로 걸어가요

마주 잡은 손을 흔들며
수줍은 웃음 짓던
그대 모습

이 길 모퉁이 어딘가에서
그대의 웃음소리가 들려올 것만 같아
가던 길 멈추고 서서
텅 빈 그 자리를 하염없이
바라만 보고 있어요

이별 후에

햇살 밝은 대낮에도
당신 없는 세상은 온통
캄캄한 어둠뿐이네요

천둥번개 요란하기만 해도
눈앞에 보이는 세상은 온통
적막강산뿐이네요

거리엔 사람들로 가득한데
내 가슴은 온통
텅 빈 구멍뿐이네요

그대는 가고 없는데

해는 저물고
날씨도 흐리고
눈마저 침침한데
아무리 둘러보아도
네 얼굴이
보이지 않는다

아, 우리는 헤어졌는데
그대는 가고 없는데

아무리 눈을 비벼 보아도
아무리 거울을 닦아 보아도
네 얼굴은
보이지 않는다

아, 우린 헤어졌는데
그대는 가고 없는데.

이별이라 말하는 이유는

이별이라 말하는 이유는
나 그댈 사랑할 자격이 없기 때문이다

이별이라 말하는 이유는
자격 없는 내가 그댈 사랑하기 때문이다

이별이라 말하는 이유는
그대 나로 인해 흘릴 눈물이 너무나 많다는 걸
알기 때문이다

이별이라 말하는 이유는
그대가 흘릴 눈물을 더 이상 보고 싶지
않기 때문이다

눈물 없는 곳에서 이별 없는 곳에서
영원히 그대를 바라보고 싶기 때문이다

당신은 누구신가요?

내게 보였던
천사 같은 그 미소가 모두
거짓이었던가요?

내 품에 안겨
흐느껴 울던 그 눈물도 모두
거짓이었던가요?

날 사랑한다고
귓가에 속삭이던 그 말들도 정녕
거짓이었던가요?

내 마음 모두 들고
당신을 따라나섰건만

내가 알던 당신은 어디 있나요?
내가 사랑하던 당신은 어디로
갔나요?

아, 그 시절이 다시 돌아온다면

그대와 함께 하고 싶은 것 참 많았었는데
우리 아무것도 하지 못한 채 마주 잡은 두 손을 그만
놓아 버리고 말았네

햇살 부서지는 봄날이면
호젓한 시골길을 거닐며
아카시아꽃 향기를 맡아 보고 싶었네

이따금 한 번씩 파도 소리가 들려오는
인적 드문 바닷가에서
단둘이 살아 보고 싶었네

가끔은 소소한 얘기 나누며
낙엽 쌓인 오솔길을 걸어 보고 싶었네

허름한 주막 어딘가에서 술잔을 기울이며
그대와 같이 소박하게 늙어 가고 싶었네

하지만 지금은 모든 꿈이 연기처럼 허망하게
사라지고 말았네

이루지 못한 꿈만 가슴속에 남겨 놓은 채
말없이 떠나가 버린 그대

아, 그날이 다시 돌아온다면
그대와 내가 다시 만나 그 시절로
돌아갈 수만 있다면…

그대를 잊기 위해

그대를 잊기 위해
그대를 미워하기로 했습니다

그대를 잊기 위해
그대를 원망하기로 했습니다

그대를 잊기 위해
이제 그만 눈물을 지우기로 했습니다

하지만 그대를 미워하면 미워할수록
원망하면 원망할수록

그리움은 점점 더
커져만 가고

눈물은 가슴 가득 넘쳐
빗물이 되어 흘러내립니다

그대 없는 세상은

기다림이 없으니
먼동 트는 새벽이 와도
희망이 없네요

희망이 없으니
아침 햇살이 밝게 빛나도
눈앞이 흐릿하기만 하네요

그대 없는 세상은 온통
막막한 어둠뿐이네요

진정 난 몰랐었네

사랑하는 사람 하나 잊는 일이
바위에 박힌 못 하나 빼는 것보다 더
힘든 일일 줄은

사랑하는 사람 하나 잊는 일이
몸속 깊은 상처를 도려내는 것보다 더
아픈 일일 줄은

사랑하는 사람 하나 잊는 일이
천길만길 깊은 동굴보다 더
캄캄한 어둠일 줄은

3
잠 못 드는 밤에

눈물 1

가만
당신의 눈을 바라보고 있자니
금방이라도 눈물이 날 것만 같아
살며시 눈을 감는다

웃고 있어도 슬프고
말없이 앉아 있어도 슬프고
가만 바라보고만 있어도 슬프기만 한
당신의 눈망울

당신의 두 눈을 바라보고 있으면
금방이라도 눈물이 날 것만 같아
살며시 고개를 들어 하늘을 본다

눈물을 감추려 눈을 감고
고개를 들어 하늘을 올려 보아도
당신을 생각하면
나도 모르게,
나도 모르게, 눈물이 난다

눈물 2

하루 종일
창밖에 내리는 비

그 비를 맞으며
말없이 눈물만 흘리고 서 있는
이름 모를 나무
한 그루

비는 하염없이 내리는데
그 비를 맞으며
눈물만 흘리고 떠나간
추억 속의
그 사람

아, 이제 그만
눈물일랑 흘리지 않도록
빗물이여, 이제 그만
멈추어 다오
멈추어 다오

잠 못 드는 밤에

한밤중에
그렁그렁한 바람 소리에
잠이 깼어요

문득 창가에 아른거리는
그대 모습을 보았어요

그대가 바람이 되어 창가에
머물고 있었어요

꿈에도 그리던 내 마음을
어떻게 알았을까요

밤새 맨발로 달려와
잠든 창문을 두드리고 있네요

최면

사랑에 빠져 버린 나
나도 몰래 최면에 걸렸었나 봐요

사랑밖에 모르던 나
나도 몰래 꿈을 꾸고 있었나 봐요

사랑을 모두 잊어버린 나
나 이제 최면에서 깨어났나 봐요

오늘 아침 침대에서 쿵 떨어진 나
나 이제 깊은 잠에서 깨어났나 봐요

눈 1

눈이 내리네
헝클어진 머리카락 위로
그리움이 쌓이네

교회 지붕 위에도
가로수 들판 위에도
그리움이 내리네

외딴집 언덕 위에도
강 건너 갈대밭에도
소복소복 눈이 내리네

그대와 둘이 거닐던
가로등 밑에도
눈이 내리네

그리움이 소복소복
가슴속에 쌓이네

눈 2

눈이 내리네

추위에 떨고 있는 나뭇가지도
허리춤으로 새 나오는 찬 바람도
모두모두 감싸안으며

하얀 눈이 내리네

외로운 가슴마다
상처 난 마음마다
따뜻한 위로가 되라고

솜이불처럼 포근한 눈이
소복소복 쌓이네

멍든 가슴을 어루만지며
하얀 눈이 내리네

그리움이 소복소복
가슴속에 쌓이네

눈 3

철길 위로 함박눈이 내리네
눈송이가 바닥에 걸려 넘어지네
아무도 예상하지 못한 곳에서
발걸음을 멈추고 마침표를 찍고 있네
하늘가 어딘가에서
여리여리한 눈꽃으로 피어나
하얀 꽃구름 속을 노닐다가
이제 녹슨 철길 위에 내려앉아
차가운 몸을 식히네
어떤 눈송이는 아파트 옥상에서
어떤 눈송이는 공원 놀이터에서
또 어떤 눈송이는 나뭇가지 위에서
길고 짧은 외마디의 생을 마감하네
아, 반짝이는 햇살 따라 언 몸을 녹이며
이제,
호숫가의 이슬로 사라져 갈
하얀 눈송이여!

봄은 그렇게 걸어오고 있었다 1

봄은 그렇게 가랑비처럼
소리 없이 걸어오고 있었다
공원을 거니는 사람들의 가벼운
발걸음으로부터
산책을 나선 연인들의 산뜻한
옷차림으로부터
그렇게 아장아장 걸어오고 있었다
겨우내 꽁꽁 동여맸던 옷고름을
스르르 풀면서,
느슨한 바위틈으로 간지러운 새싹을
내밀면서, 그렇게
병아리 떼 종알종알 봄나들이 가듯이
우리들 이마 위로 살금살금
걸어오고 있었다

봄은 그렇게 걸어오고 있었다 2

호수 위를 노니는
청둥오리의 물오른 날갯짓으로부터
하늘하늘 흩날리는
말괄량이 소녀들의 가녀린 머릿결로부터
봄은 그렇게 다붓하게
우리들 곁으로 걸어오고 있었다
얼음장 밑으로
나긋한 샘물을 길어 올리면서
소리 없이 꽃망울을 틔우면서
사뿐사뿐
우리들 곁으로 다가오고 있었다
도화지 위에
노란 유채꽃 씨를 뿌리면서
하얀 웃음꽃을 입안 가득 물고서
그렇게 발뒤꿈치를 들고
살금살금
우리들 곁으로 걸어오고 있었다

빨랫줄

햇살 팽팽한
빨랫줄 위에 옹기종기 모여 앉아
오뉴월의 햇볕에 몸을 말리고 있는
옷가지들
옷장 속에 감춰 왔던 추억들도
눅눅했던 기억들도 모두 꼭 쥐어짜
햇살 아래 널어놓고
해맑게 웃고 있다
꼭 다물었던 입술도
상처 난 추억들도
눈부신 햇살 아래 쨍쨍하게 널어놓고
하얀 잇몸을 드러낸 채
해사한 봄볕을 즐기고 있다

채송화

양지바른
뜨락 위에 피어 있는
채송화

노랑 빨강
연분홍 색동옷을
갈아입고

올망졸망
모여 앉아

조곤조곤
속삭이며
봄볕을 쬐고 있네

햇살 담뿍한
뜨락 위에서
간지럼을 타고 있네

노랑 빨강
연분홍 옷을 차려입고
사이좋게
모여 앉아

조곤조곤
속삭이며
새봄을 노래하네

내 고향 다수리는

내 고향 다수리는 순했다
냇가의 물고기도
아랫마을 삽살개도
앞산 마루 산토끼도 모두가
순했다

처마 밑을 맴도는 바람 한 줄기도
데굴데굴 굴러가는 시냇가의 돌멩이도
하늘하늘 춤을 추는 코스모스도
모두가 순했다

밤하늘의 별빛도
대추나무 가지 끝에 걸린 하얀 달빛도
장독대 밑에 피어난 채송화도
마음이 순했다

살구나무 잎새에 물든 빠알간 노을도
으스름 저녁이면 모락모락 피어오르던
굴뚝 연기도,

구석말[1] 초가집 코흘리개 만주도
어릴 적 친구 덕수도 영철이도 순자도
모두가 순했다

고향을 생각하면
모두가 아팠다

그리고 눈물겨웠다
내 고향 다수리는

---

1) 강원 평창 다수리에 있는 마을 이름.

우리는

하늘을 나는
저 새들은

가진 것 하나 없이
맨몸으로 살아도

부끄러운 줄 모르고
사는데

몸에 걸친 것 많은
우리는
아무리 두꺼운 옷을 입어도

왜 이리
부끄럽기만 한지

제자리

높은 산 오르고 올라
정상까지 왔는데
눈을 들어 발밑을 보니
다시 제자리

앞서거니 뒷서거니
앞만 보고 달려왔는데
가만히 서서 뒤돌아보니
모두가 제자리

어렵사리 오르고 올라
오르막길을 올라왔건만
결국엔 모두가
내리막길

국밥 가게 앞에서

골목 모퉁이
해거름의 국밥 가게에
오가는 손님 하나 없다

자식들 모두 객지로
떠나보내고

어둠 식은 가게 안에
늙은 어미 혼자
앉아 있다

뼈마디만 남은
낙엽 하나
앙상한 바닥 위를 뒹구는데

날은 점점 어두워지고
밤은 차갑게
식어만 간다

생각 1

마음속에 여린 살이 붙으면
엄살이 되고

마음속에 굳은살이 박이면
뚝심이 되고

마음속에 주름살이 생기면
심술이 되고

생각 2

마음속에 때가 끼면
부끄러움이 되고

마음속에 비가 내리면
근심이 되고

마음속에 해가 뜨면
희망이 되고

둥글게

운동장을 굴러가는
축구공

잘 차는 사람이나
못 차는 사람이나
차별하지 않고

둥글둥글
둥글게 잘도 굴러간다

수비수의 발에 맞든
공격수의 발에 맞든
누구의 발에 맞든

언제
어디서든

둥글둥글 굴러만 가는
축구공

사는 게 별거 아니던데 1

사는 게 별거 아니던데
무엇 때문에 그리 화를 냈던가요

사는 게 별거 아니던데
무엇 때문에 그리 미워했던가요

사는 게 별거 아니던데
무엇 때문에 그리 눈물 흘렸던가요

사는 게 별거 아니던데
무엇 때문에 그리 후회했던가요

이래도 후회 저래도 후회
다반사는 후회던데요

사는 게 별거 아니던데 2

사는 게 별거 아니던데
무엇 때문에 그리 망설였던가요

사는 게 별거 아니던데
무엇 때문에 그리 뒤돌아보았던가요

사는 게 별거 아니던데
무엇 때문에 그리 아쉬워했던가요

이래도 미련 저래도 미련
다반사는 미련이던데요

사는 게 별거 아니던데 3

사는 게 별거 아니던데
무엇 때문에 그리 방황했던가요

사는 게 별거 아니던데
무엇 때문에 그리 애를 태웠던가요

사는 게 별거 아니던데
무엇 때문에 그리 눈물 흘렸던가요

이래도 눈물 저래도 눈물
다반사는 눈물이던데요

사는 게 별거 아니던데 4

이리 살아도
저리 살아도

눈 한 번
떴다 감으니

봄바람에
꽃잎 지듯

한세월 후딱
꿈처럼
지나갑디다요

4
이 시간이 지나가면

강물은 좋으리

강물은 좋으리
언제나 높은 곳에서 낮은 곳으로
아래로만 흘러가면 되리니

가파르면 가파른 대로
막히면 막힌 대로 휘돌아 가며
뒤돌아볼 일도 위를 쳐다볼 일도 없이
앞으로만 흘러가면 되리니

돌부리가 있으면 돌부리가 있는 대로
발길 닿는 데로 아무 곳이나
흘러만 가면 되리니

넓은 호수에선 휘휘 노를 저으며
뒷짐을 지고 물가에서 쉬어 가면
되리니

발길 닿는 곳은 어디든 길이 되리니
어두운 밤이 와도
길을 잃을 걱정은 하지 않아도 되리니

흔적 없이 미련 없이 언제나 낮은 곳으로
물살에 몸을 맡긴 채 자유로이
흘러만 가면 되리니

비 내리는 날이면 그 비를 맞으며
바람 부는 날이면 바람결에 몸을 싣고
아무 생각 없이 아래로만 유유히 흘러가는 저 강물이
오늘은 참 부러우리

가는 곳 어딘지도 모르고
내일일랑 기약하지 않아도 되고
그저 세월이 가자는 대로 말없이
따라만 가면 되리니

오늘처럼 바람 부는 날에는
돌돌돌 흘러가는 저 강물이
부럽기만 하리니

하루살이 1

날개를 활짝 펴고 하늘 높이
날아오를 때까지만 해도
모든 것이 다 내 것인 줄로만 알았네

화려한 불빛 속에서
신나는 음악을 틀어 놓고
광란의 춤을 추며 살 줄로만 알았네

하지만, 날개가 꺾이고 해거름의 거미줄에
어둠이 내려앉을 때 비로소
슬픈 내 운명을 알았네

아무리 부지런히 날갯짓을 해도
한 마리 새가 될 수 없고
아무리 발버둥을 쳐도 한 모금밖에는
숨을 쉴 수 없는 하루살이의
운명이란 걸

그렇게 하루를 살다가
세상 밖으로 버려진다 해도
바닥에 떨어진 낙엽조차도 알아보지 못하는
보잘것없는 하루살이라는 걸

하루살이 2

하루를 살더라도
천년처럼 살아요

돌아보지 말고
주저하지 말고

불꽃처럼 화려하게
춤을 춰요

하루를 살더라도
천년같이 지금 이 순간을
즐겨요

신나게 춤을 추다가
갑자기 뚝
음악이 멈추더라도

룰룰랄라 룰룰랄라
음악을 크게 틀고

빙글빙글
빙글빙글
신나게 춤을 춰요

갑자기 뚝
음악이 멈추더라도

불꽃처럼 화려하게
춤을 춰요

이 시간을 즐겨요

가지치기

웃자란 나무의
가지치기를 한다
아무 생각 없이 싹둑
전지가위로 가지를 자른다
아얏, 소리 한 번 지를 틈도 없이
순식간에 팔다리가 잘려 나가는
나뭇가지
병들고 가치 없어지면
가차 없이 버려지는 신세
쓸모없어지면 버려지는
세상 이치와
똑 닮았다

담뱃재

공원 벤치 바닥에 떨어져 있는
담뱃재
누군가의 가슴을 까맣게 태워
하얀 재를 남겨 놓고
깊은 생각에 잠겨 있다
온몸을 불태워 벌겋게 달아올랐다가
흔적 없는 재가 되고도
아직 꺼지지 않은 한숨 하나
남아 있는 걸까
차갑게 식은 담뱃재 위로
무거운 침묵 한 줌 떨어져 내린다

믹스커피

누군가는 그러대요
믹스커피 속 설탕과 프림이 몸에는 나쁘다고요
또 혹자는 그래도 달달하고 부드러운 믹스커피가
우리 입맛엔 딱이라고요

설탕도, 프림도, 커피도, 적당히 섞어 넣고
뜨거운 물을 부어 숟가락으로 휘휘 저어 마시면
누가 설탕인지, 무엇이 프림인지, 또 어떤 게 커피인지
따질 필요도 없이 뜨끈한 물에 훌훌 풀어져
입안 가득 머무는 향 또한 그윽하지요

온통 쓰고 진한 어둠뿐인 블랙커피가 몸엔 어떨진
모르지만
그래도 이것저것 적당히 섞여 달달하게 어우러진
믹스커피가
이 모양 저 모양 따지며 사는 블랙커피보다는
인간적인 맛이 더 나는 것 같진 않던가요

오늘 아침에도 나는 숟가락으로 휘휘 저어
뜨끈하게 풀어진 믹스커피 한 잔 손에 들고
우리 집 아파트 공원 벤치에 앉아 달달하게 익은
커피 한 잔 마시고 있다오

겨울 저녁

어둠 깔린 거리마다
찬 바람은 파도처럼 춤을 추며
피아노 건반을 두드리며 지나가고
사람들은 바닥에 떨어진 추위 몇 점
주섬주섬 챙겨 들고
움츠린 발걸음을 재촉한다
어둠 섞인 도로 위에서
가쁜 숨을 몰아쉬는 차량들은
헐레벌떡 가로등 불빛 속으로 뛰어들고
갈 곳 잃은 철새들은
찬 바람 앞에 모여 앉아 파르르 시린 깃털을
떨고 있다
창문 너머에는
체온 식은 아파트 불빛 하나 핼쑥한 얼굴을
빼꼼
내밀고 있다

양파

껍질이 단단하다
몸에서는 둥글둥글
광택이 난다
벗기면 벗길수록
속이 복잡하다
어디부터가 줄기인지
어디부터가 몸통인지 알 길이 없다
뿌리도 아닌
줄기도 아닌
왼쪽도
오른쪽도 아닌
양손잡이다

단풍잎

공원 앞 단풍잎이
취기 어린 얼굴로 벌겋게 달아올랐다
한여름 내내 따갑게 내리쬐는 무더위와
회초리를 휘두르며
종아리를 채찍질하는 비바람까지도
묵묵한 침묵으로 모두 품어 내고
이제 가을 햇살 아래에서
속살까지 빨갛게 익은 자태를
뽐내고 있다
살랑살랑 춤을 추는 실바람에
하늘하늘한 치맛자락을 휘날리며
시월의 어깨 위에서
잘 여문 햇살 한 줌 즐기고 있다

그때 그 소년은

노을에 걸린 고추잠자리가
빨랫줄 위를 한가로이 맴도는 곳

저녁밥을 짓는 굴뚝 연기가
슬레이트 지붕 위로
모락모락 피어오를 때면

해거름의 강둑에 앉아
말없이 기타를 치던 그 소년

그때 그 소년은 아직도
해 저문 강둑에 앉아
기타를 치고 있을까

이렇게 노을 진 저녁이면
어디선가 홀로 기타를 치고 있을
그 소년이 생각난다

납작복숭아

네 생에서 언제 한 번이라도
배가 부른 적이 있었던가

네 생에서 단 한 번이라도
속이 꽉 찬 날이 있었던가

네 생에서 어디 한 번이라도
네모반듯한 날이 있었던가

하지만 아는가

아무리 애를 써도
호빵처럼 부풀어 오를 수는 없지만

누군가의 속을
둥글납작하게 채워 줄 수는 있다는 걸

주식 시장 1

오르락내리락
숫자 따라 울고 웃고

전광판 색깔 따라
내 마음도 출렁이고

내 인생과 똑 닮은
주식 시장 인생 시장

주식 시장 2

빨간색 상한가엔
기분 좋아 웃음 짓고

초록색 내리막엔
고개 숙여 한숨짓고

조금만 더 기다리자
참고 또 참았건만

남은 건 정리 매매
초라한 빈손뿐

쓰디쓴 소주잔에
지나온 길 한숨짓는

내 인생과 똑 닮은
주식 시장 인생 시장

참붕어의 절규

낚싯줄이 남몰래
꿰 놓은 미끼인 줄도 모르고
얼씨구나 하고 달려들다가 그만
덥석, 낚싯바늘에 코가 꿰이고 말았다
세상을 그렇게 만만하게 보는 게 아니었는데
아차, 하고 방심하다가 그만
엉덩방아를 쿵, 찧고 말았다
팽팽한 낚싯줄이
아가미를 끌고 다니며 낄낄거릴 때
참붕어는 깜깜한 어둠 속에서 절규하고 있었다
월척이라고 소릴 지르며 사람들이 환호할 때마다
말문이 꽉 막힌 참붕어는 붉은 지느러미를
거세당한 채,
깊은 터널 속으로 끝없이
미끄러지고 있었다

눈앞이 막막하다

나는 요즘 귀가 멀었다
귓전에서 웅얼거리는 유행가 가사가 거리마다
흘러넘치는데 나는 도무지 무슨 말인지 말귀를
알아들을 수가 없다

많은 사람들이 키보드를 두드리며
고딕체 굵은 글씨체를 쏟아 내는데
아무리 이해하려 애를 써도 나는 글씨가 잘
해독이 되질 않는다

귀만 먼 줄 알았는데 요즘은
눈도 같이 멀었다
거리마다 대문은 굳게 잠겨 있고
닫힌 문을 열어 보려 열쇠를 밀어 넣어 보지만
녹슨 문틈으로 바람 빠지는 소리만 삐그덕거리며
삐져나올 뿐
눈앞은 여전히 캄캄하다

햇빛마저 구름에 가려져 요즘은
침침한 눈이 더 어두워졌다
사방을 둘러봐도 백내장 낀 희뿌연 안개뿐,
눈앞이 막막하다

감시 카메라

공원 앞 CCTV가 눈을 깜빡이며
경계 근무 중이다
눈에 불을 켜고서 누구든 걸리기만 하면
가만두지 않겠다는 굳은 표정이다
무엇이 저리도 큰 불신을 키운 걸까
깊은 밤에도 잠들지 못하고 눈을 밝힌 채
몸을 뒤척이는 공원 앞 CCTV
행인의 뒤통수를 향해 정조준을 하고서
지나가는 발자국을 감시한다
가죽 재킷의 주인이 누구인지, 또,
어둠 속에 숨겨진 이는 누구인지,
책갈피를 넘겨 가며 실시간으로
행적을 검문한다
천 개의 눈으로 레이더를 압수 수색 하며
내밀한 혓바닥으로 벌거벗은 몸을 겁탈하는
은밀한 눈길들

가시오가피나무

온몸에 뾰족한 날을 세우고
아무도 넘보지 못하게

사방에 철조망을 두르고 사는
가시오가피나무

무슨 상처가 그리 많아
저리도 따가운 비늘을 드러낸 채
세상을 등지고 있는 걸까

경계의 울타리를 둘러치고
자물쇠로 대문을 꼭 걸어 잠근 채

상처받은 속내를 감추고 사는
눈물 어린 저 상흔

공지천에서

3월 어느 날 오후
공지천을 거니네
아이들이 타고 노는 자전거 두 바퀴가
은빛 투명한 호수 위를 굴러가고
말간 유리알 호수 위엔
하얀 햇살이 반짝이네
연인들은 감색 언어로
사랑을 속삭이고
수줍은 봄바람은
아이들의 콧잔등을 간지럽히네
내 마음에도 어느새
목련꽃 새순이 피어나고 있네

염불

까만 적막을 깨고
와글와글와글
개구리 우는 소리
세상 모든 시름 잊으려
와글와글와글
밤새
염불을 외는 소리